Sobreviviendo al duelo

LEONARDO TAVARES

Sobreviviendo al duelo

SOBREVIVIENDO AL DUELO

Que este libro pueda ser un abrazo,
Un consuelo para el corazón herido,
Que traiga la certeza
De que el dolor puede ser superado con amor.

No hay un adiós definitivo,
Porque la conexión que tenemos con quienes amamos
Va más allá de la muerte, trasciende el tiempo y el espacio,
Y se convierte en una fuente eterna de inspiración y amor.

Que la añoranza pueda ser transformada en alegría,
Y que la memoria sea un tesoro,
Que las lágrimas puedan ser secas por el amor,
Y que la luz pueda brillar en el camino de los que sufren.

Este libro es un homenaje
A todas las personas que ya han partido
Y a todas las personas que están enfrentando el duelo,
Que sea una fuente de consuelo y esperanza.

Y que, incluso en los momentos más difíciles,
Podemos encontrar fuerza y coraje para seguir adelante,
Para honrar la memoria de los que amamos,
Y para vivir nuestras vidas con amor, gratitud y alegría.

En memoria de Fernanda Tavares.

ÍNDICE

PRÓLOGO

Escribí este libro para compartir con ustedes, mis lectores, lo que viví y aprendí con mucho sufrimiento y el paso del tiempo.

La pérdida de un ser querido puede ser una de las experiencias más difíciles de la vida. El duelo es una respuesta natural y saludable a esta pérdida, pero puede ser un proceso muy doloroso y desafiante. En "Superando el duelo", exploraremos juntos los diferentes aspectos del proceso de duelo y cómo afrontarlo de manera saludable y constructiva.

También encontrarán información valiosa sobre las fases del duelo, cómo afrontar la pérdida, el impacto del duelo en la salud mental, la importancia del apoyo social en el proceso de duelo y mucho más.

Deseo que este libro pueda traer consuelo, esperanza y paz para aquellos que están atravesando el proceso de duelo. Que pueda recordarles que no están solos y que es posible encontrar la luz incluso en las situaciones más oscuras.

Recuerden siempre que el amor es más fuerte que la muerte, y que el amor nunca muere.

Con esperanza y gratitud,

Leonardo Tavares

AÚN EN LAS NOCHES MÁS OSCURAS, HAY UNA LUZ QUE BRILLA DENTRO DE TI, GUIANDO TUS PASOS HACIA LA CURACIÓN.

EL COMIENZO DEL DOLOR

La vida está hecha de altibajos. Momentos de alegría y felicidad se equilibran con momentos de tristeza y dolor. Desafortunadamente, la pérdida es una parte inevitable de la vida. Todos nosotros, en algún momento, experimentaremos el dolor de perder a alguien que amamos.

El comienzo del dolor es una fase muy difícil y confusa. Cuando recibimos la noticia de la pérdida, muchas veces nos sentimos aturdidos y sin rumbo. El dolor es intenso y parece insoportable. Es como si el suelo se desvaneciera bajo nuestros pies.

En un primer momento, puede ser difícil creer que la persona que amamos se ha ido. Podemos sentirnos como si estuviéramos en un sueño y no podemos despertar. Es una sensación de irrealidad que parece nunca pasar.

La negación es una de las primeras reacciones que experimentamos ante la pérdida. Es una forma de protección emocional, un intento de protegernos del dolor y del sufrimiento. Es como si no pudiéramos aceptar la realidad de la pérdida.

Pero, con el tiempo, la realidad comienza a imponerse. El dolor comienza a hacerse más fuerte e intenso.

La tristeza y la añoranza nos golpean con fuerza, y la ficha comienza a caer. Es en ese momento que el dolor se vuelve más agudo, más intenso y difícil de soportar.

El dolor del duelo es un dolor diferente a todos los demás. Es un dolor profundo, que nos afecta en todos los niveles: físico, emocional, mental y espiritual. Es como si nuestro mundo se hubiera derrumbado y nada más tuviera sentido.

Es común sentir una serie de emociones intensas y contradictorias durante el proceso de duelo. Podemos sentirnos tristes, enojados, confundidos, desesperados, perdidos, entre otras cosas. A veces, podemos incluso sentir alivio, especialmente si la persona que partió estaba sufriendo o en una situación difícil.

Estas emociones pueden ser abrumadoras y difíciles de manejar. A veces, podemos sentirnos como si estuviéramos al borde de la locura. Pero es importante recordar que estas emociones son normales y forman parte del proceso de duelo.

Cada persona lidia con el duelo de manera única. No hay una forma correcta o incorrecta de sentir o de expresar el dolor. Cada uno de nosotros tiene el derecho de experimentar el dolor del duelo a su manera.

Es importante recordar que el proceso de duelo no es lineal. No hay una progresión clara de etapas que debemos seguir. En cambio, el proceso de duelo es un proceso complejo y multifacético que involucra altibajos.

A veces, podemos sentirnos mejor por un tiempo, solo para ser golpeados nuevamente por la tristeza y la añoranza. Es un proceso de altibajos, de avances y retrocesos.

El comienzo del dolor es solo el comienzo del proceso de duelo. Es un momento de shock, de negación y de confusión. Es el momento en que la realidad comienza a imponerse y el dolor comienza a hacerse real e intenso.

Es importante permitirse sentir el dolor y no tratar de reprimirlo o negarlo. Es necesario encontrar maneras saludables de lidiar con el dolor y el sufrimiento. Esto puede incluir llorar, hablar con amigos y familiares, buscar ayuda profesional, expresar el dolor a través del arte o la escritura, entre otras cosas.

No hay un camino correcto o incorrecto para lidiar con el duelo. Cada persona tiene su propia manera de lidiar con el dolor. Es importante respetar y honrar su propio proceso de duelo y permitirse tiempo para curarse.

En este momento de dolor, es común cuestionarse sobre el sentido de la vida y la existencia de un plan mayor. Estas preguntas pueden ser difíciles de responder, pero es importante buscar significado y propósito en la vida, incluso ante la pérdida.

La pérdida es una parte inevitable de la vida, pero el amor y los recuerdos que compartimos con la persona que partió permanecen con nosotros para siempre. Es importante honrar la memoria de la persona amada y mantener su presencia viva en nuestros corazones.

Recuerda que no estamos solos. Hay muchas personas a nuestro alrededor que nos aman y se preocupan por nosotros. Busca apoyo y consuelo siempre que sea necesario.

CAPÍTULO 2
LOS ESTÁGIOS DEL DUELO

EL DUELO
ES UN VIAJE
COMPLEJO,
Y CADA ETAPA
ES UNA HUELLA
HACIA LA PAZ
INTERIOR.

Cuando una persona sufre una pérdida significativa, como la muerte de un ser querido, es común pasar por una serie de etapas emocionales, que son conocidos como los estadios del duelo. Aunque no todas las personas experimentan todos estos estadios, o en la misma orden, comprender estas fases puede ayudar a la persona a entender sus propios sentimientos y lo que esperar en su jornada de duelo.

Negación

La primera fase de los estadios del duelo es la negación. En esta fase, la persona puede negarse a creer que la pérdida realmente ocurrió. Esto puede ser acompañado de sentimientos de choque, confusión y desorientación. Es común que las personas se sientan aturdidas e incapaces de procesar completamente lo que sucedió.

Ira

Otra fase común del duelo es la ira. En esta fase, la persona puede sentirse irritada y frustrada. Pueden buscar culpados por su pérdida o quedarse con ira de la persona que murió. Pueden sentirse injusticiados o sentir que la vida es injusta.

Negociación

En la fase de negociación, la persona puede intentar hacer acuerdos con Dios o con la vida para evitar el dolor de la pérdida. Pueden preguntarse lo que podrían haber hecho de diferente para evitar la muerte de la persona amada. Es común que las personas se sientan desesperadas para recuperar lo que fue perdido y, por lo tanto, intentan negociar con sus emociones.

Depresión

Otra fase del duelo es la depresión. En esta fase, la persona puede sentir tristeza profunda y desesperación. Pueden sentirse solos e aislados, incluso cuando están rodeados de amigos y familiares. **La depresión puede ser acompañada de llanto, insomnio, pérdida de apetito y fatiga.

Aceptación

Finalmente, la última fase de los estadios del duelo es la aceptación. En esta fase, la persona comienza a aceptar la realidad de la pérdida y a encontrar una manera de seguir adelante. Pueden comenzar a planear el futuro sin la persona que murió y encontrar significado en su vida nuevamente.

Aunque no todas las personas pasan por todas estas fases y algunas personas pueden pasar por ellas en una orden diferente, es importante recordar que el duelo es un proceso personal y único para cada persona. No hay manera correcta o incorrecta de sentir o pasar por este proceso. Es importante permitirse sentir todas las emociones que surgen y encontrar maneras de lidiar con ellas de manera saludable.

En los próximos capítulos presento cada etapa del proceso de duelo y proporciono las recomendaciones necesarias para ayudarlo a navegar en este que es uno de los períodos más difíciles de nuestras vidas.

CAPÍTULO 3
LA NEGACIÓN

ENFRENTAR
LA VERDAD
ES EL PRIMER
PASO PARA
TRANSFORMAR
LA NEGACIÓN
EN FUERZA.

Cuando perdemos a alguien que amamos, es natural que tengamos dificultades para lidiar con la realidad de la pérdida. En muchos casos, la negación es una de las primeras reacciones que surgen. La negación es una forma de autoprotección, un intento de mantener la ilusión de que la persona todavía está presente en nuestra vida. Sin embargo, la negación puede convertirse en un obstáculo para el proceso de duelo y para nuestra capacidad de lidiar con la pérdida.

La negación es una fase común del proceso de duelo. Cuando perdemos a alguien, es difícil aceptar la realidad de la pérdida. Es normal sentir que la persona todavía está presente en nuestra vida, o esperar que ella vuelva. En esta fase, puede ser difícil creer que la pérdida es permanente.

La negación puede manifestarse de diversas formas. Algunas personas pueden rehusarse a aceptar la realidad de la pérdida, ignorando los hechos o evitando pensar en el asunto. Otras pueden actuar como si nada hubiera sucedido, manteniendo rutinas normales y evitando hablar sobre la pérdida. La negación puede incluso manifestarse como una forma de ira o revuelta, cuando no queremos aceptar la pérdida y buscamos a alguien o algo a quien culpar.

La negación puede ser un mecanismo temporal de defensa, pero puede convertirse en un obstáculo para el proceso de duelo. Cuando negamos la realidad de la pérdida, estamos impidiendo nuestra capacidad de procesar las emociones y sentimientos relacionados con la pérdida. Estamos aplazando el dolor y el sufrimiento, lo que puede prolongar el proceso de duelo y dificultar la recuperación.

Es importante comprender que la negación es una fase normal del proceso de duelo, pero que es necesario enfrentarla y superarla para seguir adelante. La aceptación de la pérdida es una etapa importante del proceso de duelo, que nos permite comenzar a reconstruir nuestra vida sin la persona que partió. Cuando aceptamos la pérdida, estamos abriendo espacio para sentir las emociones y procesar los sentimientos de tristeza y nostalgia. Estamos permitiendo que el proceso de duelo siga su curso natural.

Existen diversas estrategias que pueden ayudar a lidiar con la negación en el proceso de duelo. Encontrar maneras saludables de lidiar con las emociones es fundamental. Practicar actividades físicas, como caminatas o yoga, puede ayudar a reducir el estrés y la ansiedad. Expresarse artísticamente, por medio de la escritura, la música o las artes visuales, puede ser una forma poderosa de procesar las emociones y encontrar sentido en la pérdida.

Buscar ayuda y apoyo de personas cercanas, amigos y familiares, ayudará a adaptarse a la pérdida. Es importante hablar sobre la pérdida y expresar las emociones y sentimientos relacionados con ella. La terapia también puede ser una herramienta útil para lidiar con la negación y las demás fases del duelo.

Por último, participar de grupos de apoyo para personas que pasan por el mismo proceso, puede ser una fuente de apoyo valiosa. Encontrar otras personas que están pasando por el mismo proceso, puede ayudar a sentirse comprendido y apoyado, además de ofrecer la oportunidad de compartir experiencias de vida.

CAPÍTULO 4

LA IRA

LA IRA
ES COMO UNA
LLAMA INTERNA,
CONVIÉRTELA
EN COMBUSTIBLE
PARA TU
CRECIMIENTO.

La ira es una de las emociones más intensas que experimentamos al pasar por el proceso del duelo. Puede surgir por diferentes motivos, desde la sensación de injusticia por la pérdida hasta la frustración por no haber tenido la oportunidad de decir adiós. Sea cual sea la causa, la ira puede ser intensa y difícil de manejar.

Cuando perdemos a alguien, a menudo nos quedamos con la sensación de que no tenemos control sobre nada. La vida parece habernos jugado una mala pasada y nos ha dejado en una situación inesperada e injusta. La ira puede ser una respuesta natural a esa sensación de impotencia y desamparo.

Además, a menudo la ira se dirige a otras personas. Podemos sentir ira hacia los médicos que no pudieron salvar a nuestro ser querido, hacia los familiares que no estuvieron presentes, o incluso hacia la persona que falleció por dejarnos solos. Es importante recordar que estos sentimientos no son buenos o malos, simplemente existen y necesitan ser procesados.

Sin embargo, la ira puede convertirse en un obstáculo para el proceso de duelo si no es expresada y comprendida de forma saludable. Si guardamos la ira dentro de nosotros, puede transformarse en resentimiento y amargura, y acabar afectando nuestras relaciones con otras personas y nuestra propia salud mental.

Una forma de lidiar con la ira es permitirse sentirla. Es normal y saludable sentir ira ante una pérdida significativa. Debemos permitirnos experimentar esa emoción, expresarla de forma segura y comprenderla. Podemos buscar ayuda profesional, conversar con amigos y familiares, o incluso escribir sobre lo que estamos sintiendo. La clave es no dejar que la ira controle nuestras acciones y nuestras vidas.

Otra forma de lidiar con la ira es encontrar maneras de canalizarla de forma positiva. Podemos utilizar esa energía para cambiar aspectos en nuestra vida que nos incomodan, para hacer actividades físicas o voluntariado, o incluso para crear algo nuevo. La ira puede ser una fuente de motivación si sabemos utilizarla de forma saludable.

Sé que la ira no es ni será permanente. Puede surgir intensamente en algunos momentos y disminuir en otros. Es normal que la emoción surja en olas a lo largo del proceso de duelo. Lo importante es permitirse sentirla y lidiar con ella de forma saludable, para que podamos seguir adelante en el proceso de sanación.

CAPÍTULO 5

LA NEGOCIACIÓN

EN LA BÚSQUEDA
DE RESPUESTAS,
ENCONTRAMOS
LA FUERZA
PARA ACEPTAR
LO QUE
NO PODEMOS
CAMBIAR.

El duelo es un proceso complejo y a menudo doloroso que puede llevar a una serie de emociones difíciles de manejar. Una de esas emociones es la negociación, que se refiere a un intento de pactar con el dolor de la pérdida en busca de soluciones o maneras de evitarlo.

La negociación puede surgir en diferentes momentos del proceso de duelo y puede ser un intento de evitar el dolor y la tristeza que acompañan a la pérdida. Es una forma de buscar un sentido de control en un momento en que muchas cosas parecen estar fuera de control.

La negociación puede manifestarse de diversas maneras. Algunas personas pueden intentar pactar con Dios o con la vida para que la persona amada vuelva o para que el dolor sea aliviado. Otras pueden hacer promesas o sacrificios, como comprometerse a cambiar sus hábitos o a ser más atentos con otras personas, a cambio de alivio del dolor.

Aunque la negociación pueda ser una forma temporal de lidiar con el dolor, es importante comprender que, en última instancia, ella no ofrece una solución real para la pérdida. La muerte es una parte inevitable de la vida, y ninguna cantidad de negociación o pacto puede cambiar eso.

Es importante recordar que el proceso de duelo es diferente para cada persona y que no existe una manera "correcta" de lidiar con él. Algunas personas pueden experimentar la negociación como una parte natural del proceso de duelo, mientras que otras pueden no sentir esa emoción o experimentarla de forma diferente.

Sin embargo, es importante que las personas en duelo no sean juzgadas o criticadas por sus emociones o reacciones. Cada individuo necesita ser respetado en su propio proceso de duelo y tener espacio para experimentar sus emociones sin miedo o vergüenza.

La terapia puede ser una forma útil de lidiar con la negociación y otras emociones difíciles que pueden surgir durante el proceso de duelo. Un terapeuta experimentado puede ayudar a la persona en duelo a explorar sus emociones de forma segura y a encontrar maneras saludables de lidiar con la pérdida. Esto no significa que debamos dejar de extrañar o que debamos olvidar a aquellos que ya se han ido. Por el contrario, es preciso aprender a convivir con el dolor y a encontrar un nuevo sentido en la vida sin la presencia de esa persona. Esto puede llevar tiempo, pero es un paso importante en el camino de la cura.

Además de la terapia, existen otras maneras de lidiar con la negociación y otras emociones difíciles del duelo. Algunos encuentran útil concentrarse en las cosas buenas que la persona amada trajo a sus vidas y recordar los buenos momentos que compartieron. Otros pueden encontrar consuelo en actividades que los ayuden a conectarse con sus emociones, como escribir un diario o practicar meditación.

En última instancia, la negociación puede ser una parte natural del proceso de duelo, pero es importante recordar que ella no ofrece una solución real para la pérdida. Es importante que las personas en duelo tengan espacio y apoyo para procesar sus emociones y encontrar maneras saludables de lidiar con su dolor.

CAPÍTULO 6
LA DEPRESIÓN

EN LOS MOMENTOS MÁS SOMBRÍOS, RECUERDA QUE TIENES LA FUERZA NECESARIA PARA ENFRENTAR LA TORMENTA.

La pérdida de un ser querido puede ser una de las experiencias más difíciles que podemos enfrentar en la vida. Es natural sentir tristeza, angustia e incluso depresión en el proceso de duelo, y cada persona lo vive de manera diferente. Algunas personas pueden pasar por este período con facilidad, mientras que otras pueden sentir que se están hundiendo en un agujero sin fondo.

La depresión es uno de los síntomas más comunes del duelo. Puede manifestarse de varias maneras diferentes, desde un sentimiento constante de tristeza y desesperación hasta la pérdida de interés en actividades que antes eran placenteras. Algunas personas también pueden sentir una sensación de vacío o falta de propósito en sus vidas.

Es importante comprender que la depresión en el duelo es una reacción natural a la pérdida y no debe ignorarse ni minimizarse. Si estás experimentando depresión en el duelo, es esencial buscar ayuda profesional. Un psicólogo o terapeuta puede ayudarte a lidiar con tus sentimientos y a desarrollar habilidades para lidiar con el duelo.

La depresión en el duelo puede tratarse de varias maneras diferentes, dependiendo de la gravedad de los síntomas y las necesidades individuales. La terapia cognitivo-conductual es un tratamiento común que se centra en cambiar los patrones de pensamiento negativos y los comportamientos asociados a la depresión. La terapia interpersonal es otro enfoque que se centra en las relaciones interpersonales y cómo afectan la salud mental.

Además de la terapia, hay otras cosas que puedes hacer para lidiar con la depresión en el duelo. Es importante cuidar de ti mismo, tanto física como emocionalmente. Esto incluye comer una dieta saludable, hacer ejercicio regularmente, encontrar nuevos pasatiempos, dormir lo suficiente y evitar el uso de sustancias que puedan empeorar los síntomas de depresión.

También es fundamental buscar el apoyo de amigos y familiares que puedan ayudarte durante este período difícil. Pueden ofrecer consejos, una escucha activa o simplemente estar presentes cuando necesites a alguien con quien hablar.

Lo más importante es recordar que el duelo es un proceso único para cada persona, y no hay un tiempo determinado para superarlo. Es normal sentir una serie de emociones diferentes durante este período, y puede haber altibajos en el camino a la recuperación. Pero con ayuda profesional, cuidados personales y el apoyo de seres queridos, es posible superar la depresión en el duelo y encontrar un nuevo sentido en la vida.

CAPÍTULO 7

LA ACEPTACIÓN

EN LA ACEPTACIÓN,
ENCONTRAMOS
LA LIBERTAD
DE CONTINUAR
Y LA FUERZA
PARA RECOMENZAR.

Cuando perdemos a un ser querido, es común pasar por un período de negación, ira, tristeza y depresión, como hemos visto en los capítulos anteriores. Podemos cuestionarnos el porqué de que esto haya sucedido con nosotros, sentir que no merecemos este dolor o creer que la vida es injusta. Pero, en algún momento, debemos enfrentar la realidad y convivir con la pérdida.

La aceptación es uno de los pasos más difíciles y desafiantes del proceso de duelo. Es una etapa que puede llevar un largo período de tiempo, pues a menudo necesitamos lidiar con una avalancha de emociones antes de poder acostumbrarnos a la realidad de la pérdida. Pero, cuando llegamos a ese punto, es posible sentir un alivio y un peso siendo retirado de nuestros hombros.

Aceptar la pérdida no significa que estamos olvidando a la persona que amamos o que estamos dejando de lado nuestro dolor. Por el contrario, es un proceso de entender que la persona se ha ido y que necesitamos encontrar una manera de seguir adelante. Es importante entender que el proceso de duelo es un viaje individual y que cada persona puede llevar su tiempo para aceptar la pérdida.

Existen muchas maneras de lidiar con la aceptación de la pérdida. Algunas personas prefieren hablar sobre la persona que se ha ido, recordar momentos felices y mantener su memoria viva. Otras prefieren dedicarse a nuevas actividades, a nuevos hobbies, a nuevas relaciones o a nuevos proyectos para ayudarles a encontrar un nuevo propósito en la vida.

Aceptar la pérdida también significa perdonarnos a nosotros mismos y a los demás. A menudo, podemos sentirnos culpables por cosas que pasaron antes de la pérdida o podemos sentir ira por situaciones que no pudimos controlar. Pero es importante recordar que estas emociones no nos ayudan a seguir adelante y que, en algún momento, necesitamos perdonarnos a nosotros mismos y a los demás para encontrar la paz interior.

La aceptación puede ser un proceso difícil y doloroso, pero es un paso importante para encontrar la paz interior y la cura. Es un proceso de permitir que las emociones sean sentidas y procesadas, para que podamos seguir adelante y encontrar un nuevo propósito en la vida.

Es importante recordar que el proceso de aceptación puede llevar tiempo y que cada persona lidia con la pérdida de manera diferente. Sé gentil contigo mismo, busca apoyo, practica actividades que traigan placer y permite que el viaje de duelo sea una experiencia menos dolorosa. Con tiempo, amor y apoyo, es posible encontrar la aceptación y la cura.

CAPÍTULO 8

LA IMPORTANCIA DE PERMITIRSE SENTIR

PERMÍTETE
SENTIR,
ES EN EL
PROCESAMIENTO
DE LAS EMOCIONES
QUE COMIENZA
LA CURA.

El duelo es un proceso que implica una variedad de emociones intensas y conflictivas. Es común que la persona en duelo experimente sentimientos de tristeza, ira, culpa, ansiedad, soledad e incluso alivio. Estas emociones pueden ser muy intensas y, a menudo, las personas intentan reprimirlas o ignorarlas, creyendo que eso las hará sentir mejor. Sin embargo, la negación de las emociones puede conducir a problemas emocionales y físicos a largo plazo. Por lo tanto, es importante permitirse sentir todas las emociones que surjan durante el proceso de duelo.

Algunos creen que deben ser fuertes y mantenerse firmes durante el duelo, pero eso puede ser perjudicial. Permitirse sentir todas las emociones es una parte importante del proceso de curación. Es normal sentir tristeza, ira, culpa y otros sentimientos negativos después de la pérdida de un ser querido. Ignorar esos sentimientos o intentar suprimirlos solo puede empeorar la situación.

Aceptar y lidiar con las emociones puede ser difícil, pero es necesario. Una forma de hacerlo es intentar expresar esos sentimientos. Algunas personas prefieren conversar con amigos o familiares, mientras que otras prefieren escribir en un diario o buscar la ayuda de un profesional de la salud mental. Lo importante es encontrar una manera saludable de expresar las emociones y compartir los sentimientos con alguien que pueda escuchar sin juicio.

Además de expresar las emociones, también es importante reconocer y validar los sentimientos. Es común que las personas se juzguen por sentir ira o tristeza, pero esos sentimientos son normales y no deben ser ignorados. Validar esos sentimientos puede ayudar a la persona en duelo a sentirse menos aislada y sola en su sufrimiento.

Sin embargo, es importante recordar que, aunque es importante permitirse sentir todas las emociones, también es importante cuidar de la salud física y mental. Esto puede incluir actividades como ejercicio físico, pasatiempos, meditación, sueño adecuado y alimentación saludable. Cuidar de sí mismo puede ayudar a reducir el estrés y la ansiedad que a menudo acompañan al proceso de duelo.

Encontrar maneras saludables de lidiar con las emociones puede ser un desafío, pero es un paso importante en el proceso de curación. Es importante permitirse sentir todas las emociones que surjan, sin juicio, y encontrar maneras saludables de expresarlas y lidiar con ellas. Hacerlo puede ayudar a la persona en duelo a encontrar algún consuelo y significado en su pérdida.

CAPÍTULO 9

EL APOYO DE LA FAMILIA Y LOS AMIGOS

EN LAS MANOS
AMOROSAS
DE LA FAMILIA
Y LOS AMIGOS,
ENCONTRAMOS
CONSUELO Y CALOR
EN LOS MOMENTOS
DIFÍCILES.

El apoyo de la familia y los amigos es fundamental para superar el duelo y el dolor emocional que acompañan la pérdida de un ser querido. Cuando pasamos por una pérdida, es común sentir una sensación de soledad y aislamiento, pero es importante recordar que no estamos solos.

Los familiares y amigos cercanos son esenciales en este momento. Pueden ofrecer consuelo, apoyo emocional y práctico, además de ser una presencia amorosa que nos ayuda a enfrentar los desafíos del duelo. A través de pequeños gestos de cariño y de un hombro amigo para llorar, nuestros seres queridos pueden ayudarnos a encontrar fuerzas para seguir adelante.

Sin embargo, es importante recordar que no siempre es fácil pedir ayuda y que cada persona afronta el dolor de forma única. Algunas personas prefieren alejarse y afrontar el dolor solas, mientras que otras necesitan un apoyo más constante y presente. Independientemente de lo que necesites, es importante comunicarte con tus seres queridos y hacerles saber cómo pueden ayudarte.

Recuerda que no siempre las personas cercanas saben cómo ayudar o afrontar nuestro dolor. Por eso, es importante tener empatía y comprender que cada persona tiene su propia forma de afrontar la pérdida y el dolor emocional. Si alguien no sabe qué decir o cómo actuar, es importante recordar que eso no significa que no les importa, sino que están afrontando la situación de la mejor forma que pueden.

Busca apoyo también en otras fuentes, como en grupos de apoyo o terapia. Estas herramientas pueden ser esenciales para afrontar el dolor emocional y encontrar fuerzas para seguir adelante.

El proceso de duelo no es algo que deba afrontarse solo. Hay muchas personas y recursos disponibles para ayudar a superar el dolor y encontrar un nuevo camino.

CAPÍTULO 10

LA IMPORTANCIA DEL CUIDADO DE UNO MISMO

EL AUTOCUIDADO
ES EL ACTO
MÁS AMOROSO
QUE PODEMOS
OFRECER
A UN CORAZÓN
HERIDO.

Cuando pasamos por el proceso de duelo, a menudo nos olvidamos de cuidar de nosotros mismos. Nos centramos tanto en el dolor y el sufrimiento que sentimos que acabamos descuidando nuestra propia salud y bienestar. Sin embargo, cuidar de uno mismo durante el duelo es crucial para ayudarnos a superar esta fase difícil.

Cuidar de uno mismo no significa solo cuidar de la salud física, sino también de la salud mental y emocional. Es importante recordar que el duelo puede afectar no solo nuestra mente, sino también nuestro cuerpo. Puede ser difícil dormir, comer o incluso concentrarse en las actividades diarias. Pero es esencial encontrar maneras de superar estas dificultades y cuidar de uno mismo.

Una de las maneras más eficaces de cuidar de uno mismo es a través del autocuidado. Esto incluye hacer cosas que nos dan placer y que nos permiten relajarnos, como leer un libro, ver una película o una serie, tomar un baño caliente, dar un paseo o simplemente sentarnos y relajarnos en un ambiente tranquilo. El autocuidado también puede incluir prácticas de meditación o yoga, que pueden ayudarnos a conectarnos con nosotros mismos y a encontrar paz interior.

Además, es importante mantener una rutina de sueño y alimentación saludables. Durante el duelo, puede ser difícil dormir o comer, pero es fundamental hacer todo lo posible para mantener estas rutinas. Un sueño adecuado y una dieta saludable ayudan a mantener la salud física y mental, además de proporcionar energía para lidiar con el dolor emocional.

Otra manera de cuidar de uno mismo durante el duelo es buscar apoyo emocional. Esto puede incluir hablar con amigos y familiares sobre nuestros sentimientos, participar en grupos de apoyo o buscar ayuda profesional, como terapia o asesoramiento. No hay ningún problema en pedir ayuda, el apoyo emocional puede ayudarnos a lidiar con el dolor del duelo.

Por último, es fundamental darse tiempo a uno mismo y permitirse pasar por el proceso de duelo. Cada persona tiene su propio tiempo y manera de lidiar con la pérdida. No nos presionemos para "superar" rápidamente, sino permitamos sentir y experimentar el dolor, sabiendo que, con el tiempo, encontraremos paz y cura.

Recuerda que no estás solo y que hay muchas personas y recursos disponibles para ayudarte a cuidar de ti mismo y encontrar paz interior.

CAPÍTULO 11

LA TRISTEZA QUE VA Y VIENE

LA TRISTEZA
ES COMO
LAS OLAS DEL MAR,
VA Y VIENE,
PERO TÚ
PERMANECES FIRME
EN LA ORILLA
DE TU PROPIA
FUERZA.

La tristeza es una de las emociones más intensas que podemos sentir. Cuando estamos pasando por un proceso de duelo, es muy común que la tristeza se manifieste de forma intensa y constante, que suma y reaparece. Es importante entender que sentir tristeza es normal y forma parte del proceso de sanación.

En el proceso de duelo, es común que la tristeza se acompañe de un sentimiento de vacío. La sensación de que algo falta es constante y parece no acabar nunca. Además, es común sentir una sensación de desesperanza y una dificultad para concentrarse en otras actividades.

La tristeza también puede manifestarse físicamente, como dolores en el cuerpo, cansancio constante, pérdida de apetito e insomnio. Estos síntomas son muy comunes en personas que están pasando por un proceso de duelo y pueden durar por un período prolongado.

Debe entenderse que la tristeza forma parte del proceso de duelo y que es necesario vivirla intensamente para que podamos superarla. Negar la tristeza puede prolongar el proceso de duelo e impedir la sanación emocional.

Una manera de lidiar con la tristeza es tratar de identificar los desencadenantes que desencadenan estas emociones. Tal vez sea una canción que recuerda a la persona que perdimos, un objeto que le pertenecía o un lugar que visitábamos juntos. Al reconocer estos desencadenantes, podemos prepararnos mentalmente y permitirnos sentir la tristeza cuando surge, en lugar de intentar suprimirla.

Otra estrategia es tratar de concentrarse en pensamientos positivos y recuerdos felices de la persona que perdimos. En lugar de quedarnos atrapados en la tristeza, podemos esforzarnos por recordar los momentos alegres y significativos que compartimos con ella, lo que puede brindarnos algún consuelo.

Es muy importante no hundirse en la tristeza y buscar ayuda cuando sea necesario. Hablar con amigos, familiares o incluso un profesional de la salud puede ayudar a lidiar con la tristeza y a encontrar nuevas formas de lidiar con la pérdida.

Con el tiempo, esta tristeza puede transformarse en un recuerdo cariñoso de la persona que perdimos. Es necesario tener paciencia y cuidado consigo mismo para poder superar el dolor del duelo.

CAPÍTULO 12
LA NOSTALGIA ETÉRNA

LA NOSTALGIA
ES LA PRUEBA
DE QUE EL AMOR
NUNCA MUERE;
VIVE EN CADA
RECUERDO.

Cuando perdemos a alguien importante en nuestras vidas, la nostalgia puede volverse aún más intensa y dolorosa. La muerte de un ser querido es una de las experiencias más difíciles que podemos enfrentar, y la nostalgia es una de las consecuencias inevitables de ese proceso. Cuando alguien que amamos muere, sentimos la falta de la presencia física de esa persona en nuestras vidas. No poder más conversar, abrazar, escuchar la voz o sentir el toque de alguien que era tan importante para nosotros puede ser extremadamente doloroso.

La nostalgia puede hacernos cuestionar el sentido de la vida y dejarnos perdidos en nuestros pensamientos. Sin embargo, es importante recordar que la nostalgia también es una prueba de amor y de que esa persona dejó una marca indeleble en nuestras vidas. Es natural sentir nostalgia de alguien que formó parte de nuestra historia y que dejó recuerdos tan significativos. Es una señal de que la persona dejó un legado que permanece vivo en nuestros corazones.

A menudo, la nostalgia nos puede hacer pensar en cómo sería si esa persona todavía estuviera aquí. Podemos encontrarnos deseando poder revivir momentos del pasado o hacer cosas que no hicimos mientras la persona todavía estaba con nosotros. Es importante recordar que no podemos cambiar el pasado y que la muerte es una parte inevitable de la vida. En lugar de enfocarnos en la ausencia de esa persona, es preciso encontrar maneras de honrar su memoria y mantener viva la herencia que ella dejó en nuestras vidas.

Algunas personas encuentran consuelo en mantener objetos que pertenecieron a la persona que se fue, como ropa, fotos o cartas. Otras prefieren mantener viva la memoria de la persona compartiendo historias y recuerdos con amigos y familiares. Hay también quienes encuentran consuelo en actividades que la persona disfrutaba hacer o en involucrarse en trabajos voluntarios que tengan relación con la causa que la persona defendía.

Es importante recordar que cada persona lidia con la nostalgia de manera diferente y que no hay una forma correcta o incorrecta de hacerlo. Es un proceso único y personal que puede tomar tiempo y que requiere cuidado y comprensión. Es importante permitirse sentir la nostalgia y no tratar de suprimir o negar ese sentimiento. Es normal sentirse triste, solitario e incluso con rabia en algunos momentos. Pero es preciso también permitirse encontrar consuelo y apoyo en las personas que están a nuestro alrededor.

Encontrar maneras de lidiar con la nostalgia y honrar la memoria de la persona que se fue puede ayudar en el proceso de aceptación y en la construcción de un nuevo significado para la vida después de la pérdida. Esto puede hacerse de diversas maneras, como visitando lugares que eran importantes para la persona, haciendo actividades que ella disfrutaba o incluso manteniendo objetos que remitan a ella por cerca. Lo importante es no tratar de huir de la nostalgia, sino aprender a convivir con ella y transformarla en algo positivo.

Enfrentar y convivir con la nostalgia puede ser una de las partes más difíciles del proceso de duelo, pero también puede ser una oportunidad para crecer, aprender y construir nuevos significados para la vida. No hay cómo borrar el dolor de la pérdida, pero es posible transformarlo en algo positivo y constructivo para seguir adelante con más fuerza y resiliencia.

La nostalgia será un recordatorio constante de la persona amada que partió, pero también puede ser un impulso para continuar viviendo, amando y honrando la vida de aquellos que ya se fueron.

CAPÍTULO 13

LA BÚSQUEDA DEL SIGNIFICADO DE LA VIDA

EN LA BÚSQUEDA
DE UN NUEVO
SIGNIFICADO,
DESCUBRIMOS
QUE LA VIDA
CONTINÚA
REVELÁNDONOS
BELLEZA Y
PROPÓSITO.

Cuando perdemos a alguien que amamos, es natural que nos sintamos confundidos y sin saber cómo seguir adelante. El dolor de la pérdida puede ser abrumador y a menudo nos hace cuestionar el sentido de la vida y nuestro lugar en el mundo. Es en este momento que muchos de nosotros comenzamos a buscar un nuevo significado, una razón que justifique el dolor que estamos sintiendo.

Esta búsqueda de un nuevo significado es un proceso muy personal y único, que puede llevar tiempo y exigir mucha reflexión y autoconocimiento. Muchas personas encuentran consuelo en la religión o en creencias espirituales, mientras que otras buscan un propósito mayor para sus vidas, ya sea a través del voluntariado, del compromiso con causas sociales o de la creación de proyectos que puedan ayudar a otras personas que estén pasando por situaciones similares.

Sin embargo, es importante recordar que la búsqueda del nuevo significado de la vida no es una tarea fácil y que no siempre traerá respuestas claras y definitivas. Es posible que, durante el proceso de duelo, surjan muchas preguntas y nos dejen aún más confundidos y angustiados. Pero es importante perseverar en esta búsqueda, incluso si parece que estamos dando vueltas en círculos, porque es a través de ella que podemos encontrar un nuevo propósito para nuestra vida y un nuevo sentido para la pérdida que sufrimos.

Algunas personas también encuentran consuelo en compartir sus historias con otras personas que han pasado por situaciones similares. El intercambio de experiencias puede ser muy enriquecedor y ayudar a la comprensión del propio proceso de duelo y al descubrimiento de nuevos caminos y posibilidades.

Por último, es importante recordar que la búsqueda del nuevo significado de la vida no es una tarea que deba realizarse sola. Es fundamental contar con el apoyo de amigos, familiares y profesionales calificados, como psicólogos y terapeutas, que puedan ayudar en el proceso de reflexión y autoconocimiento y en la comprensión de las emociones y sentimientos que surgen durante el duelo.

Juntos, podemos encontrar un nuevo camino y un nuevo significado para nuestra vida después de la pérdida de alguien que amamos.

CAPÍTULO 14

LA ESPIRITUALIDAD

EN LA
ESPIRITUALIDAD,
ENCONTRAMOS
UN REFUGIO DE PAZ
Y ESPERANZA,
RECORDÁNDONOS
QUE SOMOS
PARTE DE ALGO
MAYOR.

La espiritualidad es un concepto amplio que va más allá de las fronteras de las religiones tradicionales. Involucra la búsqueda de significado, conexión y propósito en la vida. Esta búsqueda puede tomar muchas formas, desde la participación en prácticas religiosas estructuradas hasta la exploración individual de la espiritualidad a través de la meditación, la contemplación o incluso en momentos de quietud y reflexión.

Cuando enfrentamos la pérdida de un ser querido, la espiritualidad puede ser una brújula que nos guía a través del laberinto de emociones que acompañan al duelo. Ofrece una forma de encontrar un sentido de significado en medio de la tristeza abrumadora. La espiritualidad nos invita a considerar preguntas profundas sobre la vida, la muerte y lo que puede existir más allá de este plano terrenal.

La muerte, una experiencia innegablemente universal, a menudo nos lleva a cuestionar nuestra propia existencia. Nos recuerda la transitoriedad de la vida y puede llevarnos a contemplar lo que ocurre después de que partimos de este mundo. La espiritualidad se convierte en una lente a través de la cual podemos explorar estas cuestiones, ofreciendo consuelo a través de creencias en la continuación del alma o en una existencia espiritual después de la muerte.

Para algunos, la espiritualidad es un refugio seguro donde encuentran respuestas a estos cuestionamientos existenciales. Esto puede ofrecer una sensación de paz interior y tranquilidad, proporcionando una perspectiva más amplia sobre el ciclo de la vida y la muerte. Además, la espiritualidad puede ser un hilo que conecta a los individuos en un tejido de creencias compartidas, creando un sentido de comunidad y apoyo durante momentos de pérdida.

Sin embargo, es crucial entender que la espiritualidad no es una panacea universal. El proceso de duelo es profundamente personal y complejo. Algunas personas pueden encontrar consuelo en la espiritualidad, mientras que otras pueden sentirse incómodas o no encontrar significado a través de ella. Cada individuo tiene su propio camino a seguir y sus propias maneras de enfrentar el dolor de la pérdida.

La espiritualidad no es un atajo para superar el duelo. Aunque puede proporcionar una estructura para entender y enfrentar la pérdida, no excluye las emociones difíciles que acompañan el proceso. La tristeza, la ira y el vacío persisten incluso en el ámbito espiritual. Sin embargo, la espiritualidad ofrece herramientas para navegar por estas emociones y encontrar un sentido de paz interior, incluso cuando la oscuridad del duelo parece aplastante.

Independientemente de cómo se practique la espiritualidad, ya sea a través de rituales religiosos, meditación o cualquier otra forma de conexión espiritual, puede ser una fuente de apoyo y consuelo. Ofrece una manera de honrar y recordar a aquellos que hemos perdido, al mismo tiempo que nos recuerda que el viaje del duelo es único para cada persona.

CAPÍTULO 15

LA CULPA

LIBÉRATE
DEL PESO
DE LA CULPA,
EL VIAJE
DE SANACIÓN
COMIENZA
CUANDO
TE PERDONAS.

Cuando enfrentamos la pérdida de alguien importante en nuestras vidas, es común sentir una serie de emociones intensas. Una de ellas es la culpa, que puede manifestarse de diversas formas y ser un gran obstáculo en el proceso de duelo. Vamos a explorar esta emoción compleja y entender cómo podemos lidiar con ella de manera saludable.

La culpa es una emoción común en el duelo, y puede surgir por diversos motivos. Muchas veces, sentimos que podríamos haber hecho algo para evitar la muerte de la persona amada. Puede ser que hayamos tenido una discusión con ella poco antes de su partida, y nos sintamos culpables por no haber sido más gentiles o amorosos. O tal vez nos culpemos por no haber pasado más tiempo con ella mientras aún estaba viva, o por no haber hecho lo suficiente para ayudarla en momentos difíciles.

Independientemente de la causa, la culpa puede ser una emoción muy dolorosa y desgastante. Puede llevarnos a cuestionar nuestras elecciones y a sentirnos incapaces de seguir adelante. Por eso, es importante que aprendamos a lidiar con ella de manera saludable.

Una de las cosas más importantes que podemos hacer al lidiar con la culpa es reconocer que ella es parte del proceso de duelo y que no estamos solos en sentirla. Muchas personas que han perdido a alguien importante en sus vidas experimentan la culpa de una forma u otra, y saberlo puede ayudarnos a sentirnos menos aislados.

Además, es importante entender que la culpa no siempre es racional o justificada. Es común que nos culpemos por cosas que no estaban bajo nuestro control, o por no haber hecho algo que simplemente no era posible en ese momento. En estos casos, es importante que tratemos de cambiar nuestra perspectiva y ver la situación de una manera más realista.

Otra cosa que podemos hacer para lidiar con la culpa es hablar con alguien en quien confiamos. Esto puede ser un amigo, un miembro de la familia o un profesional de la salud mental. Hablar sobre nuestros sentimientos y preocupaciones puede ayudar a disminuir la intensidad de la culpa y a darnos una perspectiva más clara sobre la situación.

También es importante practicar la autocompasión y recordar que somos seres humanos falibles, sujetos a cometer errores y a enfrentar desafíos. En lugar de juzgarnos con severidad, podemos tratarnos con gentileza y compasión, reconociendo que estamos haciendo lo mejor que podemos.

Por último, es importante que aprendamos a perdonarnos a nosotros mismos y a los demás. El perdón no significa olvidar lo que pasó o minimizar el dolor que sentimos, sino reconocer que todos somos humanos y que, por más difícil que sea, podemos encontrar una forma de seguir adelante y encontrar significado en nuestras vidas nuevamente.

Lidiar con la culpa no es fácil, pero es importante que aprendamos a hacerlo para que podamos seguir adelante con nuestras vidas y honrar la memoria de aquellos que perdimos. La culpa puede ser un obstáculo, pero con tiempo, paciencia y amor, podemos superarla y encontrar un nuevo significado en nuestras vidas.

CAPÍTULO 16

EL PAPEL DE LA TERAPIA

EN LA TERAPIA,
DESCUBRIMOS
QUE NO ESTAMOS
SOLOS FRENTE
AL DUELO;
HAY MANOS
QUE NOS TIENDEN
PARA AYUDARNOS.

La terapia es una herramienta poderosa para ayudar a las personas en momentos difíciles, como lo es el duelo. El papel del terapeuta es ayudar al paciente a explorar sus emociones, encontrar maneras saludables de lidiar con la pérdida y desarrollar habilidades para lidiar con el estrés y la ansiedad.

Uno de los mayores beneficios de la terapia es el espacio seguro que proporciona para la expresión emocional. Muchas personas tienen dificultad para compartir sus emociones con amigos y familiares, por miedo a ser juzgados o a sobrecargar a los demás. El terapeuta es un profesional entrenado para lidiar con las emociones y proporcionar un ambiente acogedor y no juzgador.

Existen diferentes enfoques terapéuticos que pueden ser eficaces en el tratamiento del duelo. La terapia cognitivo-conductual (TCC), por ejemplo, es un enfoque que ayuda al paciente a identificar y cambiar pensamientos y comportamientos negativos que pueden estar contribuyendo a su dolor y sufrimiento. La terapia de duelo centrada en la reconstrucción de significado (TLRS) es otro enfoque que se centra en ayudar al paciente a encontrar un nuevo significado para la pérdida y construir una nueva narrativa para su vida.

Independientemente del enfoque terapéutico elegido, el papel del terapeuta es fundamental para ayudar al paciente a lidiar con la pérdida. El terapeuta puede ayudar al paciente a:

Comprender y aceptar sus emociones

Muchas veces, las personas intentan negar o reprimir sus emociones relacionadas con el duelo, lo que puede conducir a problemas emocionales más adelante. El terapeuta puede ayudar al paciente a comprender y aceptar sus emociones, sin juicio.

Desarrollar habilidades para lidiar con el estrés y la ansiedad

El duelo puede ser un período de gran estrés y ansiedad. El terapeuta puede enseñar habilidades para lidiar con estas emociones, como técnicas de relajación, meditación y mindfulness.

Identificar patrones de pensamiento negativos

El duelo puede llevar a pensamientos negativos sobre uno mismo, otras personas y el mundo. El terapeuta puede ayudar al paciente a identificar estos patrones de pensamiento negativos y encontrar maneras de cambiarlos.

Encontrar un nuevo significado para la pérdida

El terapeuta puede ayudar al paciente a encontrar un nuevo significado para la pérdida y construir una nueva narrativa para su vida. Esto puede ayudar al paciente a seguir adelante con una perspectiva más positiva.

Lidiar con la culpa y el arrepentimiento

Muchas veces, las personas que pasan por el duelo pueden sentir culpa y arrepentimiento en relación con la persona que se ha ido. El terapeuta puede ayudar al paciente a lidiar con estas emociones y encontrar maneras de liberar estos sentimientos negativos.

Mejorar la autoestima

El duelo puede afectar la autoestima del paciente. El terapeuta puede ayudar al paciente a desarrollar una autoestima más saludable, reconociendo sus logros y sus puntos fuertes.

Además de estos beneficios, la terapia también puede ayudar a la persona en duelo a lidiar con cuestiones prácticas y burocráticas que pueden surgir tras la muerte de un ser querido, como lidiar con testamentos, cuestiones de propiedad y finanzas. El terapeuta puede ayudar a la persona en duelo a navegar estas cuestiones de manera eficaz y proporcionar apoyo emocional durante este proceso.

La terapia en el duelo puede ayudar a la persona en duelo a encontrar un nuevo sentido y propósito en su vida tras la pérdida de un ser querido. El terapeuta puede ayudar a la persona en duelo a explorar sus valores, metas y objetivos y a encontrar maneras de honrar la memoria del ser querido mientras avanza en su propia vida. La terapia puede ayudar a la persona en duelo a construir una nueva identidad, adaptarse a los cambios en la vida y encontrar sentido y propósito tras la pérdida.

CAPÍTULO 17
LA SUPERACIÓN

LA SUPERACIÓN
NO ES EL FIN
DEL DOLOR,
SINO EL
COMIENZO DE LA
RECONSTRUCCIÓN
DE UNA
NUEVA VIDA.

La vida puede ser una montaña rusa emocional, con altos y bajos, momentos de alegría y de tristeza. En algún momento, todos nosotros pasamos por dificultades y desafíos que parecen insuperables. Cuando nos enfrentamos con situaciones adversas, es normal sentirse perdido, desesperado y sin esperanza. Sin embargo, la superación es posible y puede ser una de las experiencias más enriquecedoras de la vida.

La superación es la capacidad de enfrentar y superar las adversidades de la vida. Es el proceso de recuperarse emocionalmente, mentalmente y físicamente después de una situación desafiante. Aunque la superación pueda parecer difícil, es posible y puede ser alcanzada con las herramientas adecuadas.

Para superar un desafío, es importante aceptar y entender la situación en la que se encuentra. En muchos casos, la negación puede ser una barrera para la superación. Es común negar la realidad y tratar de ignorar el problema, pero la verdad es que la negación puede prolongar el dolor y retrasar el proceso de cura. En cambio, es importante reconocer la situación y permitirse sentir todas las emociones que ella trae.

Permitirse sentir es una de las cosas más importantes que podemos hacer cuando enfrentamos una adversidad. El dolor, la tristeza, la ira y el miedo son emociones naturales y forman parte del proceso de cura. Es importante permitirse sentir estas emociones y expresarlas de manera saludable, ya sea por medio de la escritura, el arte, la música o la terapia. No hay una fórmula mágica para lidiar con las emociones, pero es esencial tener en mente que es normal sentirse triste, con ira o con miedo, y que estas emociones forman parte del proceso de superación.

Otro punto importante para superar una adversidad es buscar el apoyo de la familia, los amigos y de profesionales de la salud mental. No hay vergüenza en pedir ayuda y es esencial entender que nadie puede superar un desafío solo. El apoyo emocional puede ayudar a aliviar el dolor y la soledad, además de proporcionar una red de soporte emocional.

Además, la búsqueda de actividades placenteras también puede ayudar en el proceso de superación. Hacer algo que nos gusta puede traer un sentido de normalidad y ayudar a distraer la mente del dolor. Esto puede incluir hobbies, ejercicios físicos, voluntariado u otras actividades que traigan placer y satisfacción.

La superación no es un proceso lineal y puede tener altibajos. Es importante recordar que la recuperación no es una carrera, sino una jornada personal. Algunas veces, puede parecer que estamos dando un paso adelante y dos para atrás, pero eso es normal y forma parte del proceso. La superación es una habilidad que puede ser aprendida y practicada y puede traer un sentido de realización y empoderamiento.

Por último, es importante recordar que la superación no significa que el dolor desaparecerá completamente. El objetivo no es olvidar la adversidad, sino encontrar un nuevo significado para ella y construir una nueva narrativa de vida a partir de ella. La superación es un proceso continuo, que involucra altibajos, avances y retrocesos. Es preciso tener paciencia y compasión consigo mismo, permitiéndose sentir las emociones que surgen a lo largo del camino.

CAPÍTULO 18

EL LEGADO

EL LEGADO
DE LOS QUE
AMAMOS VIVE
EN NUESTRAS
ACCIONES,
INSPIRÁNDONOS
A VIVIR
DE MANERA
SIGNIFICATIVA.

El legado del duelo es algo que a menudo se olvida o descuida durante el proceso de dolor y sufrimiento. Sin embargo, es importante recordar que el duelo puede dejar un legado positivo y significativo en nuestras vidas.

En primer lugar, el duelo nos enseña sobre nuestra propia resiliencia y fuerza interior. Cuando atravesamos momentos difíciles, a menudo nos sorprendemos con nuestra capacidad de lidiar con el dolor y superar las dificultades. El duelo puede ser una prueba de ello, mostrando que somos capaces de lidiar con algo que antes parecía imposible.

Además, el duelo puede enseñarnos sobre la importancia de nuestras relaciones y conexiones con otras personas. Cuando perdemos a alguien que amamos, a menudo nos damos cuenta de cuánto esa persona significaba para nosotros y cómo nuestra vida fue impactada por ella. Esto puede llevarnos a valorar aún más nuestras relaciones y a invertir en ellas de forma más consciente y amorosa.

Otro legado positivo del duelo es el desarrollo de una mayor empatía y compasión por los demás. Cuando atravesamos una pérdida, sabemos lo difícil que puede ser y cómo el dolor puede ser abrumador. Esto nos ayuda a comprender mejor el sufrimiento de los demás y a ser más sensibles y compasivos con sus dolores y dificultades.

Además, el duelo puede enseñarnos sobre la importancia de cuidar de nuestra salud mental y emocional. Cuando atravesamos una pérdida, es común sentirnos perdidos, ansiosos y deprimidos. Esto puede llevarnos a buscar ayuda profesional y a aprender nuevas formas de cuidar de nosotros mismos y de nuestro bienestar emocional.

Por último, el legado del duelo puede ser la creación de nuevos significados y propósitos en nuestras vidas. Cuando perdemos a alguien que amamos, a menudo nos cuestionamos sobre el sentido de la vida y sobre nuestro propósito. Esa reflexión puede llevar a descubrimientos y realizaciones significativas, como el cambio de carrera, la búsqueda de nuevas relaciones o la dedicación a una causa que sea importante para nosotros.

CAPÍTULO 19
LA ESPERANZA

INCLUSO
EN LOS MOMENTOS
MÁS SOMBRÍOS,
LA ESPERANZA
ES LA LUZ QUE GUÍA
NUESTRO CAMINO
DE SANACIÓN
Y RENOVACIÓN.

La vida es un viaje lleno de altibajos, y en algunos momentos, podemos encontrarnos perdidos y sin esperanza. Situaciones como la pérdida de un ser querido, el fin de una relación o un fracaso profesional pueden dejarnos abatidos y desanimados. Sin embargo, es importante recordar que siempre hay una luz al final del túnel y la esperanza es lo que nos mantiene avanzando.

La esperanza es un sentimiento poderoso que nos ayuda a mantener la fe y a creer que las cosas mejorarán. Nos permite ver más allá de las dificultades actuales y tener la confianza de que vendrán días mejores. Es un sentimiento que nos mantiene motivados y nos ayuda a seguir luchando, incluso cuando las cosas parecen imposibles.

Pero, ¿cómo podemos cultivar la esperanza en nuestras vidas? ¿Es posible aprender a tener esperanza incluso en medio de situaciones difíciles? La respuesta es sí. Existen estrategias y prácticas que pueden ayudarnos a nutrir ese sentimiento dentro de nosotros.

La primera de ellas es aprender a lidiar con las emociones negativas. Cuando nos encontramos en una situación difícil, es natural sentir emociones como tristeza, ira y frustración. Sin embargo, si no sabemos lidiar con esas emociones, pueden convertirse en sentimientos de desesperanza y desamparo. Es importante permitirse sentir esas emociones, pero también es importante aprender a lidiar con ellas de una manera saludable. La terapia puede ser una gran opción para aprender a lidiar con las emociones negativas y encontrar formas positivas de expresarlas.

Otra estrategia para cultivar la esperanza es aprender a ser agradecido. Incluso en medio de una situación difícil, siempre hay algo por lo que podemos estar agradecidos. Puede ser algo simple, como tener un techo sobre la cabeza o tener amigos y familiares que nos aman. Cuando aprendemos a apreciar esas cosas, nuestra perspectiva cambia y empezamos a ver las cosas de una manera más positiva. La gratitud es una poderosa herramienta para cultivar la esperanza en nuestras vidas.

Cuando estamos pasando por una situación difícil, puede ser difícil ver un futuro mejor. Sin embargo, es importante establecer metas realistas que nos permitan ver un camino a seguir. Esas metas no necesitan ser grandes o complejas, pueden ser cosas simples como empezar un nuevo hobby o matricularse en un curso de estudios. Cuando tenemos metas realistas, tenemos algo por lo que luchar y eso nos ayuda a mantener la esperanza.

Finalmente, es importante buscar apoyo en amigos y familiares. La soledad puede hacernos sentir desesperados y sin esperanza. Cuando nos conectamos con otras personas, encontramos apoyo emocional y eso nos ayuda a mantener la esperanza en momentos difíciles. Además, estar rodeado de personas positivas y amorosas nos ayuda a mantener una perspectiva positiva y a creer que vendrán días mejores.

CONCLUSIÓN

El duelo es una de las experiencias más dolorosas que podemos enfrentar en la vida. Es un viaje que todos nosotros transitamos en algún momento, pero cada persona lo vive de manera única. Es importante recordar que no hay un camino correcto o incorrecto para afrontar el duelo, y que cada persona tiene el derecho de procesarlo de manera que sea saludable y significativa para ella.

En este libro, exploramos lo que es el duelo, las diferentes fases del proceso de duelo y algunas maneras de afrontar el duelo de manera saludable. Espero que este libro haya ofrecido alguna orientación y consuelo para aquellos que están transitando el duelo o ayudando a alguien que lo está transitando.

Recuerde que es importante permitirse sentir sus emociones y buscar apoyo de otras personas, ya sea en un grupo de apoyo, con amigos y familiares o con un profesional de salud mental.

Cuidarse de sí mismo y encontrar maneras saludables de afrontar el duelo puede ayudar a encontrar significado y propósito en la vida después de la pérdida de un ser querido.

Usted no está solo y que siempre hay esperanza de sanación y recuperación. El duelo puede ser un viaje difícil, pero también puede ofrecer la oportunidad de crecer y encontrar un significado más profundo en nuestras vidas.

ACERCA DEL AUTOR

Leonardo Tavares es el autor del libro Sobreviviendo al Duelo. A los 36 años, padre de una hermosa niña de 4 años, se convirtió en viudo tras la muerte de su esposa, víctima de un cáncer raro en el mediastino. Ella tenía solo 27 años, recién cumplidos.

El dolor de la pérdida es algo que Leonardo conoce profundamente y, a través de su experiencia personal, aprendió la importancia de permitirse sentir todas las emociones que surgen durante el proceso de duelo. Sabe lo difícil que es lidiar con la nostalgia y el dolor que la pérdida trae consigo, y por eso, decidió ayudar a otras personas a pasar por esta etapa de sus vidas.

Con su escritura clara y precisa, Leonardo ayuda a sus lectores a encontrar fuerza, coraje y esperanza en momentos de profunda tristeza.

Ayuda a otras personas compartiendo esta obra.

LEONARDO TAVARES

Sobreviviendo al duelo

9 798868 974267